Dedicated to you –

> Thank you for taking your life into your own hands.
>
> Take care of yourself.
>
> Love yourself.

This Journal belongs to:

_____

_____

Return to if found:

_____

_____

July 2019

<u>GOALS</u>

1.

2.

3.

4.

5.

6.

7.

8.

9.

10.

July 2019

	1	2	3	4	5	6
7	8	9	10	11	12	13
14	15	16	17	18	19	20
21	22	23	24	25	26	27
28	29	30	31			

[ ] -   [ ] -   [ ] -

1 - _____
2 - _____
3 - _____
4 - _____
5 - _____
6 - _____
7 - _____
8 - _____
9 - _____
10 - _____
11 - _____
12 - _____
13 - _____
14 - _____
15 - _____
16 - _____
17 - _____
18 - _____
19 - _____
20 - _____
21 - _____
22 - _____
23 - _____
24 - _____
25 - _____
26 - _____
27 - _____
28 - _____
29 - _____
30 - _____
31 - _____

July 2019

	1	2	3	4	5	6
7	8	9	10	11	12	13
14	15	16	17	18	19	20
21	22	23	24	25	26	27
28	29	30	31			

☐ -   ☐ -   ☐ -

1 - _____
2 - _____
3 - _____
4 - _____
5 - _____
6 - _____
7 - _____
8 - _____
9 - _____
10 - _____
11 - _____
12 - _____
13 - _____
14 - _____
15 - _____
16 - _____
17 - _____
18 - _____
19 - _____
20 - _____
21 - _____
22 - _____
23 - _____
24 - _____
25 - _____
26 - _____
27 - _____
28 - _____
29 - _____
30 - _____
31 - _____

July 2019

	1	2	3	4	5	6
7	8	9	10	11	12	13
14	15	16	17	18	19	20
21	22	23	24	25	26	27
28	29	30	31			

☐ -   ☐ -   ☐ -

1 -
2 -
3 -
4 -
5 -
6 -
7 -
8 -
9 -
10 -
11 -
12 -
13 -
14 -
15 -
16 -
17 -
18 -
19 -
20 -
21 -
22 -
23 -
24 -
25 -
26 -
27 -
28 -
29 -
30 -
31 -

July 2019

	1	2	3	4	5	6
7	8	9	10	11	12	13
14	15	16	17	18	19	20
21	22	23	24	25	26	27
28	29	30	31			

☐ -

☐ -

☐ -

	1	2	3	4	5	6
7	8	9	10	11	12	13
14	15	16	17	18	19	20
21	22	23	24	25	26	27
28	29	30	31			

☐ -

☐ -

☐ -

	1	2	3	4	5	6
7	8	9	10	11	12	13
14	15	16	17	18	19	20
21	22	23	24	25	26	27
28	29	30	31			

☐ -

☐ -

☐ -

	1	2	3	4	5	6
7	8	9	10	11	12	13
14	15	16	17	18	19	20
21	22	23	24	25	26	27
28	29	30	31			

☐ -

☐ -

☐ -

July 2019

	1	2	3	4	5	6
7	8	9	10	11	12	13
14	15	16	17	18	19	20
21	22	23	24	25	26	27
28	29	30	31			

☐ -

☐ -

☐ -

	1	2	3	4	5	6
7	8	9	10	11	12	13
14	15	16	17	18	19	20
21	22	23	24	25	26	27
28	29	30	31			

☐ -

☐ -

☐ -

	1	2	3	4	5	6
7	8	9	10	11	12	13
14	15	16	17	18	19	20
21	22	23	24	25	26	27
28	29	30	31			

☐ -

☐ -

☐ -

	1	2	3	4	5	6
7	8	9	10	11	12	13
14	15	16	17	18	19	20
21	22	23	24	25	26	27
28	29	30	31			

☐ -

☐ -

☐ -

Month in Review

_____

_____

_____

_____

August 2019

1.

2.

3.

4.

5.

6.

7.

8.

9.

10.

August 2019

				1	2	3
4	5	6	7	8	9	10
11	12	13	14	15	16	17
18	19	20	21	22	23	24
25	26	27	28	29	30	31

[   ] -   [   ] -   [   ] -

1 - _____
2 - _____
3 - _____
4 - _____
5 - _____
6 - _____
7 - _____
8 - _____
9 - _____
10 - _____
11 - _____
12 - _____
13 - _____
14 - _____
15 - _____
16 - _____
17 - _____
18 - _____
19 - _____
20 - _____
21 - _____
22 - _____
23 - _____
24 - _____
25 - _____
26 - _____
27 - _____
28 - _____
29 - _____
30 - _____
31 - _____

August 2019

				1	2	3
4	5	6	7	8	9	10
11	12	13	14	15	16	17
18	19	20	21	22	23	24
25	26	27	28	29	30	31

[   ] -   [   ] -   [   ] -

1 - _____
2 - _____
3 - _____
4 - _____
5 - _____
6 - _____
7 - _____
8 - _____
9 - _____
10 - _____
11 - _____
12 - _____
13 - _____
14 - _____
15 - _____
16 - _____
17 - _____
18 - _____
19 - _____
20 - _____
21 - _____
22 - _____
23 - _____
24 - _____
25 - _____
26 - _____
27 - _____
28 - _____
29 - _____
30 - _____
31 - _____

August 2019

				1	2	3
4	5	6	7	8	9	10
11	12	13	14	15	16	17
18	19	20	21	22	23	24
25	26	27	28	29	30	31

[   ] -   [   ] -   [   ] -

1 - _____
2 - _____
3 - _____
4 - _____
5 - _____
6 - _____
7 - _____
8 - _____
9 - _____
10 - _____
11 - _____
12 - _____
13 - _____
14 - _____
15 - _____
16 - _____
17 - _____
18 - _____
19 - _____
20 - _____
21 - _____
22 - _____
23 - _____
24 - _____
25 - _____
26 - _____
27 - _____
28 - _____
29 - _____
30 - _____
31 - _____

August 2019

				1	2	3
4	5	6	7	8	9	10
11	12	13	14	15	16	17
18	19	20	21	22	23	24
25	26	27	28	29	30	31

☐ -

☐ -

☐ -

				1	2	3
4	5	6	7	8	9	10
11	12	13	14	15	16	17
18	19	20	21	22	23	24
25	26	27	28	29	30	31

☐ -

☐ -

☐ -

				1	2	3
4	5	6	7	8	9	10
11	12	13	14	15	16	17
18	19	20	21	22	23	24
25	26	27	28	29	30	31

☐ -

☐ -

☐ -

				1	2	3
4	5	6	7	8	9	10
11	12	13	14	15	16	17
18	19	20	21	22	23	24
25	26	27	28	29	30	31

☐ -

☐ -

☐ -

August 2019

			1	2	3
4	5	6	7	8	9	10
11	12	13	14	15	16	17
18	19	20	21	22	23	24
25	26	27	28	29	30	31

☐ -

☐ -

☐ -

_____

			1	2	3
4	5	6	7	8	9	10
11	12	13	14	15	16	17
18	19	20	21	22	23	24
25	26	27	28	29	30	31

☐ -

☐ -

☐ -

_____

			1	2	3
4	5	6	7	8	9	10
11	12	13	14	15	16	17
18	19	20	21	22	23	24
25	26	27	28	29	30	31

☐ -

☐ -

☐ -

_____

			1	2	3
4	5	6	7	8	9	10
11	12	13	14	15	16	17
18	19	20	21	22	23	24
25	26	27	28	29	30	31

☐ -

☐ -

☐ -

Month in Review

_____

_____

_____

_____

September 2019

GOALS

1.

2.

3.

4.

5.

6.

7.

8.

9.

10.

September 2019

1	2	3	4	5	6	7
8	9	10	11	12	13	14
15	16	17	18	19	20	21
22	23	24	25	26	27	28
29	30					

[ ] -   [ ] -   [ ] -

_____

1 - _____
2 - _____
3 - _____
4 - _____
5 - _____
6 - _____
7 - _____
8 - _____
9 - _____
10 - _____
11 - _____
12 - _____
13 - _____
14 - _____
15 - _____
16 - _____
17 - _____
18 - _____
19 - _____
20 - _____
21 - _____
22 - _____
23 - _____
24 - _____
25 - _____
26 - _____
27 - _____
28 - _____
29 - _____
30 - _____

September 2019

1	2	3	4	5	6	7
8	9	10	11	12	13	14
15	16	17	18	19	20	21
22	23	24	25	26	27	28
29	30					

[ ] -   [ ] -   [ ] -

1 - _____
2 - _____
3 - _____
4 - _____
5 - _____
6 - _____
7 - _____
8 - _____
9 - _____
10 - _____
11 - _____
12 - _____
13 - _____
14 - _____
15 - _____
16 - _____
17 - _____
18 - _____
19 - _____
20 - _____
21 - _____
22 - _____
23 - _____
24 - _____
25 - _____
26 - _____
27 - _____
28 - _____
29 - _____
30 - _____

September 2019

1	2	3	4	5	6	7
8	9	10	11	12	13	14
15	16	17	18	19	20	21
22	23	24	25	26	27	28
29	30					

1 - _____
2 - _____
3 - _____
4 - _____
5 - _____
6 - _____
7 - _____
8 - _____
9 - _____
10 - _____
11 - _____
12 - _____
13 - _____
14 - _____
15 - _____
16 - _____
17 - _____
18 - _____
19 - _____
20 - _____
21 - _____
22 - _____
23 - _____
24 - _____
25 - _____
26 - _____
27 - _____
28 - _____
29 - _____
30 - _____

September 2019

1	2	3	4	5	6	7
8	9	10	11	12	13	14
15	16	17	18	19	20	21
22	23	24	25	26	27	28
29	30					

☐ -

☐ -

☐ -

1	2	3	4	5	6	7
8	9	10	11	12	13	14
15	16	17	18	19	20	21
22	23	24	25	26	27	28
29	30					

☐ -

☐ -

☐ -

1	2	3	4	5	6	7
8	9	10	11	12	13	14
15	16	17	18	19	20	21
22	23	24	25	26	27	28
29	30					

☐ -

☐ -

☐ -

1	2	3	4	5	6	7
8	9	10	11	12	13	14
15	16	17	18	19	20	21
22	23	24	25	26	27	28
29	30					

☐ -

☐ -

☐ -

September 2019

1	2	3	4	5	6	7
8	9	10	11	12	13	14
15	16	17	18	19	20	21
22	23	24	25	26	27	28
29	30					

☐ -

☐ -

☐ -

1	2	3	4	5	6	7
8	9	10	11	12	13	14
15	16	17	18	19	20	21
22	23	24	25	26	27	28
29	30					

☐ -

☐ -

☐ -

1	2	3	4	5	6	7
8	9	10	11	12	13	14
15	16	17	18	19	20	21
22	23	24	25	26	27	28
29	30					

☐ -

☐ -

☐ -

1	2	3	4	5	6	7
8	9	10	11	12	13	14
15	16	17	18	19	20	21
22	23	24	25	26	27	28
29	30					

☐ -

☐ -

☐ -

Month in Review

_____

_____

_____

_____

October 2019

GOALS

1.

2.

3.

4.

5.

6.

7.

8.

9.

10.

October 2019

		1	2	3	4	5
6	7	8	9	10	11	12
13	14	15	16	17	18	19
20	21	22	23	24	25	26
27	28	29	30	31		

[   ] -   [   ] -   [   ] -

1 - _____
2 - _____
3 - _____
4 - _____
5 - _____
6 - _____
7 - _____
8 - _____
9 - _____
10 - _____
11 - _____
12 - _____
13 - _____
14 - _____
15 - _____
16 - _____
17 - _____
18 - _____
19 - _____
20 - _____
21 - _____
22 - _____
23 - _____
24 - _____
25 - _____
26 - _____
27 - _____
28 - _____
29 - _____
30 - _____
31 - _____

October 2019

		1	2	3	4	5
6	7	8	9	10	11	12
13	14	15	16	17	18	19
20	21	22	23	24	25	26
27	28	29	30	31		

[ ] -   [ ] -   [ ] -

1 -
2 -
3 -
4 -
5 -
6 -
7 -
8 -
9 -
10 -
11 -
12 -
13 -
14 -
15 -
16 -
17 -
18 -
19 -
20 -
21 -
22 -
23 -
24 -
25 -
26 -
27 -
28 -
29 -
30 -
31 -

October 2019

		1	2	3	4	5
6	7	8	9	10	11	12
13	14	15	16	17	18	19
20	21	22	23	24	25	26
27	28	29	30	31		

[ ] -   [ ] -   [ ] -

1 - _____
2 - _____
3 - _____
4 - _____
5 - _____
6 - _____
7 - _____
8 - _____
9 - _____
10 - _____
11 - _____
12 - _____
13 - _____
14 - _____
15 - _____
16 - _____
17 - _____
18 - _____
19 - _____
20 - _____
21 - _____
22 - _____
23 - _____
24 - _____
25 - _____
26 - _____
27 - _____
28 - _____
29 - _____
30 - _____
31 - _____

October 2019

		1	2	3	4	5
6	7	8	9	10	11	12
13	14	15	16	17	18	19
20	21	22	23	24	25	26
27	28	29	30	31		

☐ -

☐ -

☐ -

		1	2	3	4	5
6	7	8	9	10	11	12
13	14	15	16	17	18	19
20	21	22	23	24	25	26
27	28	29	30	31		

☐ -

☐ -

☐ -

		1	2	3	4	5
6	7	8	9	10	11	12
13	14	15	16	17	18	19
20	21	22	23	24	25	26
27	28	29	30	31		

☐ -

☐ -

☐ -

		1	2	3	4	5
6	7	8	9	10	11	12
13	14	15	16	17	18	19
20	21	22	23	24	25	26
27	28	29	30	31		

☐ -

☐ -

☐ -

October 2019

		1	2	3	4	5
6	7	8	9	10	11	12
13	14	15	16	17	18	19
20	21	22	23	24	25	26
27	28	29	30	31		

		1	2	3	4	5
6	7	8	9	10	11	12
13	14	15	16	17	18	19
20	21	22	23	24	25	26
27	28	29	30	31		

		1	2	3	4	5
6	7	8	9	10	11	12
13	14	15	16	17	18	19
20	21	22	23	24	25	26
27	28	29	30	31		

		1	2	3	4	5
6	7	8	9	10	11	12
13	14	15	16	17	18	19
20	21	22	23	24	25	26
27	28	29	30	31		

Month in Review

_____

_____

_____

_____

November 2019

GOALS

1.

2.

3.

4.

5.

6.

7.

8.

9.

10.

November 2019

					1	2
3	4	5	6	7	8	9
10	11	12	13	14	15	16
17	18	19	20	21	22	23
24	25	26	27	28	29	30

[ ] -   [ ] -   [ ] -

1 -
2 -
3 -
4 -
5 -
6 -
7 -
8 -
9 -
10 -
11 -
12 -
13 -
14 -
15 -
16 -
17 -
18 -
19 -
20 -
21 -
22 -
23 -
24 -
25 -
26 -
27 -
28 -
29 -
30 -

November 2019

					1	2
3	4	5	6	7	8	9
10	11	12	13	14	15	16
17	18	19	20	21	22	23
24	25	26	27	28	29	30

[ ] -   [ ] -   [ ] -

1 - _____
2 - _____
3 - _____
4 - _____
5 - _____
6 - _____
7 - _____
8 - _____
9 - _____
10 - _____
11 - _____
12 - _____
13 - _____
14 - _____
15 - _____
16 - _____
17 - _____
18 - _____
19 - _____
20 - _____
21 - _____
22 - _____
23 - _____
24 - _____
25 - _____
26 - _____
27 - _____
28 - _____
29 - _____
30 - _____

November 2019

					1	2
3	4	5	6	7	8	9
10	11	12	13	14	15	16
17	18	19	20	21	22	23
24	25	26	27	28	29	30

[ ] -   [ ] -   [ ] -

1 - _____
2 - _____
3 - _____
4 - _____
5 - _____
6 - _____
7 - _____
8 - _____
9 - _____
10 - _____
11 - _____
12 - _____
13 - _____
14 - _____
15 - _____
16 - _____
17 - _____
18 - _____
19 - _____
20 - _____
21 - _____
22 - _____
23 - _____
24 - _____
25 - _____
26 - _____
27 - _____
28 - _____
29 - _____
30 - _____

November 2019

				1	2
3	4	5	6	7	8	9
10	11	12	13	14	15	16
17	18	19	20	21	22	23
24	25	26	27	28	29	30

☐ -

☐ -

☐ -

				1	2
3	4	5	6	7	8	9
10	11	12	13	14	15	16
17	18	19	20	21	22	23
24	25	26	27	28	29	30

☐ -

☐ -

☐ -

				1	2
3	4	5	6	7	8	9
10	11	12	13	14	15	16
17	18	19	20	21	22	23
24	25	26	27	28	29	30

☐ -

☐ -

☐ -

				1	2
3	4	5	6	7	8	9
10	11	12	13	14	15	16
17	18	19	20	21	22	23
24	25	26	27	28	29	30

☐ -

☐ -

☐ -

November 2019

					1	2
3	4	5	6	7	8	9
10	11	12	13	14	15	16
17	18	19	20	21	22	23
24	25	26	27	28	29	30

☐ -
☐ -
☐ -

					1	2
3	4	5	6	7	8	9
10	11	12	13	14	15	16
17	18	19	20	21	22	23
24	25	26	27	28	29	30

☐ -
☐ -
☐ -

					1	2
3	4	5	6	7	8	9
10	11	12	13	14	15	16
17	18	19	20	21	22	23
24	25	26	27	28	29	30

☐ -
☐ -
☐ -

					1	2
3	4	5	6	7	8	9
10	11	12	13	14	15	16
17	18	19	20	21	22	23
24	25	26	27	28	29	30

☐ -
☐ -
☐ -

Month in Review

_____

_____

_____

_____

December 2019

GOALS

1.

2.

3.

4.

5.

6.

7.

8.

9.

10.

December 2019

1	2	3	4	5	6	7
8	9	10	11	12	13	14
15	16	17	18	19	20	21
22	23	24	25	26	27	28
29	30	31				

☐ -   ☐ -   ☐ -

1 - _____
2 - _____
3 - _____
4 - _____
5 - _____
6 - _____
7 - _____
8 - _____
9 - _____
10 - _____
11 - _____
12 - _____
13 - _____
14 - _____
15 - _____
16 - _____
17 - _____
18 - _____
19 - _____
20 - _____
21 - _____
22 - _____
23 - _____
24 - _____
25 - _____
26 - _____
27 - _____
28 - _____
29 - _____
30 - _____
31 - _____

December 2019

1	2	3	4	5	6	7
8	9	10	11	12	13	14
15	16	17	18	19	20	21
22	23	24	25	26	27	28
29	30	31				

[ ] -   [ ] -   [ ] -

1 - _____
2 - _____
3 - _____
4 - _____
5 - _____
6 - _____
7 - _____
8 - _____
9 - _____
10 - _____
11 - _____
12 - _____
13 - _____
14 - _____
15 - _____
16 - _____
17 - _____
18 - _____
19 - _____
20 - _____
21 - _____
22 - _____
23 - _____
24 - _____
25 - _____
26 - _____
27 - _____
28 - _____
29 - _____
30 - _____
31 - _____

December 2019

1	2	3	4	5	6	7
8	9	10	11	12	13	14
15	16	17	18	19	20	21
22	23	24	25	26	27	28
29	30	31				

[   ] -   [   ] -   [   ] -

1 - _____
2 - _____
3 - _____
4 - _____
5 - _____
6 - _____
7 - _____
8 - _____
9 - _____
10 - _____
11 - _____
12 - _____
13 - _____
14 - _____
15 - _____
16 - _____
17 - _____
18 - _____
19 - _____
20 - _____
21 - _____
22 - _____
23 - _____
24 - _____
25 - _____
26 - _____
27 - _____
28 - _____
29 - _____
30 - _____
31 - _____

December 2019

1	2	3	4	5	6	7
8	9	10	11	12	13	14
15	16	17	18	19	20	21
22	23	24	25	26	27	28
29	30	31				

☐ -

☐ -

☐ -

1	2	3	4	5	6	7
8	9	10	11	12	13	14
15	16	17	18	19	20	21
22	23	24	25	26	27	28
29	30	31				

☐ -

☐ -

☐ -

1	2	3	4	5	6	7
8	9	10	11	12	13	14
15	16	17	18	19	20	21
22	23	24	25	26	27	28
29	30	31				

☐ -

☐ -

☐ -

1	2	3	4	5	6	7
8	9	10	11	12	13	14
15	16	17	18	19	20	21
22	23	24	25	26	27	28
29	30	31				

☐ -

☐ -

☐ -

December 2019

1	2	3	4	5	6	7
8	9	10	11	12	13	14
15	16	17	18	19	20	21
22	23	24	25	26	27	28
29	30	31				

☐ -

☐ -

☐

1	2	3	4	5	6	7
8	9	10	11	12	13	14
15	16	17	18	19	20	21
22	23	24	25	26	27	28
29	30	31				

☐ -

☐ -

☐ -

1	2	3	4	5	6	7
8	9	10	11	12	13	14
15	16	17	18	19	20	21
22	23	24	25	26	27	28
29	30	31				

☐ -

☐ -

☐ -

1	2	3	4	5	6	7
8	9	10	11	12	13	14
15	16	17	18	19	20	21
22	23	24	25	26	27	28
29	30	31				

☐ -

☐ -

☐ -

Month in Review

HAPPY NEW YEAR!!

RESOLUTIONS

1.

2.

3.

4.

5.

6.

7.

8.

9.

10.

January 2020

GOALS

1.

2.

3.

4.

5.

6.

7.

8.

9.

10.

January 2020

			1	2	3	4
5	6	7	8	9	10	11
12	13	14	15	16	17	18
19	20	21	22	23	24	25
26	27	28	29	30	31	

☐ - ☐ - ☐ -

1 - _____
2 - _____
3 - _____
4 - _____
5 - _____
6 - _____
7 - _____
8 - _____
9 - _____
10 - _____
11 - _____
12 - _____
13 - _____
14 - _____
15 - _____
16 - _____
17 - _____
18 - _____
19 - _____
20 - _____
21 - _____
22 - _____
23 - _____
24 - _____
25 - _____
26 - _____
27 - _____
28 - _____
29 - _____
30 - _____
31 - _____

January 2020

			1	2	3	4
5	6	7	8	9	10	11
12	13	14	15	16	17	18
19	20	21	22	23	24	25
26	27	28	29	30	31	

	-		-		-

1 -
2 -
3 -
4 -
5 -
6 -
7 -
8 -
9 -
10 -
11 -
12 -
13 -
14 -
15 -
16 -
17 -
18 -
19 -
20 -
21 -
22 -
23 -
24 -
25 -
26 -
27 -
28 -
29 -
30 -
31 -

January 2020

			1	2	3	4
5	6	7	8	9	10	11
12	13	14	15	16	17	18
19	20	21	22	23	24	25
26	27	28	29	30	31	

☐ -   ☐ -   ☐ -

1 - _____
2 - _____
3 - _____
4 - _____
5 - _____
6 - _____
7 - _____
8 - _____
9 - _____
10 - _____
11 - _____
12 - _____
13 - _____
14 - _____
15 - _____
16 - _____
17 - _____
18 - _____
19 - _____
20 - _____
21 - _____
22 - _____
23 - _____
24 - _____
25 - _____
26 - _____
27 - _____
28 - _____
29 - _____
30 - _____
31 - _____

January 2020

			1	2	3	4
5	6	7	8	9	10	11
12	13	14	15	16	17	18
19	20	21	22	23	24	25
26	27	28	29	30	31	

☐ -

☐ -

☐ -

			1	2	3	4
5	6	7	8	9	10	11
12	13	14	15	16	17	18
19	20	21	22	23	24	25
26	27	28	29	30	31	

☐ -

☐ -

☐ -

			1	2	3	4
5	6	7	8	9	10	11
12	13	14	15	16	17	18
19	20	21	22	23	24	25
26	27	28	29	30	31	

☐ -

☐ -

☐ -

			1	2	3	4
5	6	7	8	9	10	11
12	13	14	15	16	17	18
19	20	21	22	23	24	25
26	27	28	29	30	31	

☐ -

☐ -

☐ -

January 2020

			1	2	3	4
5	6	7	8	9	10	11
12	13	14	15	16	17	18
19	20	21	22	23	24	25
26	27	28	29	30	31	

- ☐ -
- ☐ -
- ☐ -

			1	2	3	4
5	6	7	8	9	10	11
12	13	14	15	16	17	18
19	20	21	22	23	24	25
26	27	28	29	30	31	

- ☐ -
- ☐ -
- ☐ -

			1	2	3	4
5	6	7	8	9	10	11
12	13	14	15	16	17	18
19	20	21	22	23	24	25
26	27	28	29	30	31	

- ☐ -
- ☐ -
- ☐ -

			1	2	3	4
5	6	7	8	9	10	11
12	13	14	15	16	17	18
19	20	21	22	23	24	25
26	27	28	29	30	31	

- ☐ -
- ☐ -
- ☐ -

Month in Review

_____

_____

_____

_____

February 2020

GOALS

1.

2.

3.

4.

5.

6.

7.

8.

9.

10.

February 2020

_____

						1
2	3	4	5	6	7	8
9	10	11	12	13	14	15
16	17	18	19	20	21	22
23	24	25	26	27	28	29

[   ] -   [   ] -   [   ] -

_____

1 - _____
2 - _____
3 - _____
4 - _____
5 - _____
6 - _____
7 - _____
8 - _____
9 - _____
10 - _____
11 - _____
12 - _____
13 - _____
14 - _____
15 - _____
16 - _____
17 - _____
18 - _____
19 - _____
20 - _____
21 - _____
22 - _____
23 - _____
24 - _____
25 - _____
26 - _____
27 - _____
28 - _____
29 - _____
30 - _____

February 2020

						1
2	3	4	5	6	7	8
9	10	11	12	13	14	15
16	17	18	19	20	21	22
23	24	25	26	27	28	29

[　　　] -   [　　　] -   [　　　] -

1 - _____
2 - _____
3 - _____
4 - _____
5 - _____
6 - _____
7 - _____
8 - _____
9 - _____
10 - _____
11 - _____
12 - _____
13 - _____
14 - _____
15 - _____
16 - _____
17 - _____
18 - _____
19 - _____
20 - _____
21 - _____
22 - _____
23 - _____
24 - _____
25 - _____
26 - _____
27 - _____
28 - _____
29 - _____
30 - _____

February 2020

_____

							1
2	3	4	5	6	7	8
9	10	11	12	13	14	15
16	17	18	19	20	21	22
23	24	25	26	27	28	29

[   ] -   [   ] -   [   ] -

_____

1 - _____
2 - _____
3 - _____
4 - _____
5 - _____
6 - _____
7 - _____
8 - _____
9 - _____
10 - _____
11 - _____
12 - _____
13 - _____
14 - _____
15 - _____
16 - _____
17 - _____
18 - _____
19 - _____
20 - _____
21 - _____
22 - _____
23 - _____
24 - _____
25 - _____
26 - _____
27 - _____
28 - _____
29 - _____
30 - _____

February 2020

						1
2	3	4	5	6	7	8
9	10	11	12	13	14	15
16	17	18	19	20	21	22
23	24	25	26	27	28	29

☐ -

☐ -

☐ -

						1
2	3	4	5	6	7	8
9	10	11	12	13	14	15
16	17	18	19	20	21	22
23	24	25	26	27	28	29

☐ -

☐ -

☐ -

						1
2	3	4	5	6	7	8
9	10	11	12	13	14	15
16	17	18	19	20	21	22
23	24	25	26	27	28	29

☐ -

☐ -

☐ -

						1
2	3	4	5	6	7	8
9	10	11	12	13	14	15
16	17	18	19	20	21	22
23	24	25	26	27	28	29

☐ -

☐ -

☐ -

February 2020

						1
2	3	4	5	6	7	8
9	10	11	12	13	14	15
16	17	18	19	20	21	22
23	24	25	26	27	28	29

☐ -

☐ -

☐ -

						1
2	3	4	5	6	7	8
9	10	11	12	13	14	15
16	17	18	19	20	21	22
23	24	25	26	27	28	29

☐ -

☐ -

☐ -

						1
2	3	4	5	6	7	8
9	10	11	12	13	14	15
16	17	18	19	20	21	22
23	24	25	26	27	28	29

☐ -

☐ -

☐ -

						1
2	3	4	5	6	7	8
9	10	11	12	13	14	15
16	17	18	19	20	21	22
23	24	25	26	27	28	29

☐ -

☐ -

☐ -

Month in Review

March 2020

1.

2.

3.

4.

5.

6.

7.

8.

9.

10.

March 2020

1	2	3	4	5	6	7
8	9	10	11	12	13	14
15	16	17	18	19	20	21
22	23	24	25	26	27	28
29	30	31				

☐ -   ☐ -   ☐ -

1 - _____
2 - _____
3 - _____
4 - _____
5 - _____
6 - _____
7 - _____
8 - _____
9 - _____
10 - _____
11 - _____
12 - _____
13 - _____
14 - _____
15 - _____
16 - _____
17 - _____
18 - _____
19 - _____
20 - _____
21 - _____
22 - _____
23 - _____
24 - _____
25 - _____
26 - _____
27 - _____
28 - _____
29 - _____
30 - _____
31 - _____

March 2020

1	2	3	4	5	6	7
8	9	10	11	12	13	14
15	16	17	18	19	20	21
22	23	24	25	26	27	28
29	30	31				

[   ] -   [   ] -   [   ] -

1 - _____
2 - _____
3 - _____
4 - _____
5 - _____
6 - _____
7 - _____
8 - _____
9 - _____
10 - _____
11 - _____
12 - _____
13 - _____
14 - _____
15 - _____
16 - _____
17 - _____
18 - _____
19 - _____
20 - _____
21 - _____
22 - _____
23 - _____
24 - _____
25 - _____
26 - _____
27 - _____
28 - _____
29 - _____
30 - _____
31 - _____

March 2020

1	2	3	4	5	6	7
8	9	10	11	12	13	14
15	16	17	18	19	20	21
22	23	24	25	26	27	28
29	30	31				

[ ] -   [ ] -   [ ] -

1 - _____
2 - _____
3 - _____
4 - _____
5 - _____
6 - _____
7 - _____
8 - _____
9 - _____
10 - _____
11 - _____
12 - _____
13 - _____
14 - _____
15 - _____
16 - _____
17 - _____
18 - _____
19 - _____
20 - _____
21 - _____
22 - _____
23 - _____
24 - _____
25 - _____
26 - _____
27 - _____
28 - _____
29 - _____
30 - _____
31 - _____

March 2020

1	2	3	4	5	6	7
8	9	10	11	12	13	14
15	16	17	18	19	20	21
22	23	24	25	26	27	28
29	30	31				

☐ -

☐ -

☐ -

1	2	3	4	5	6	7
8	9	10	11	12	13	14
15	16	17	18	19	20	21
22	23	24	25	26	27	28
29	30	31				

☐ -

☐ -

☐ -

1	2	3	4	5	6	7
8	9	10	11	12	13	14
15	16	17	18	19	20	21
22	23	24	25	26	27	28
29	30	31				

☐ -

☐ -

☐ -

1	2	3	4	5	6	7
8	9	10	11	12	13	14
15	16	17	18	19	20	21
22	23	24	25	26	27	28
29	30	31				

☐ -

☐ -

☐ -

March 2020

1	2	3	4	5	6	7
8	9	10	11	12	13	14
15	16	17	18	19	20	21
22	23	24	25	26	27	28
29	30	31				

☐-
☐-
☐-

1	2	3	4	5	6	7
8	9	10	11	12	13	14
15	16	17	18	19	20	21
22	23	24	25	26	27	28
29	30	31				

☐-
☐-
☐-

1	2	3	4	5	6	7
8	9	10	11	12	13	14
15	16	17	18	19	20	21
22	23	24	25	26	27	28
29	30	31				

☐-
☐-
☐-

1	2	3	4	5	6	7
8	9	10	11	12	13	14
15	16	17	18	19	20	21
22	23	24	25	26	27	28
29	30	31				

☐-
☐-
☐-

Month in Review

April 2020

1.

2.

3.

4.

5.

6.

7.

8.

9.

10.

April 2020

			1	2	3	4
5	6	7	8	9	10	11
12	13	14	15	16	17	18
19	20	21	22	23	24	25
26	27	28	29	30		

[ ] -   [ ] -   [ ] -

1 -
2 -
3 -
4 -
5 -
6 -
7 -
8 -
9 -
10 -
11 -
12 -
13 -
14 -
15 -
16 -
17 -
18 -
19 -
20 -
21 -
22 -
23 -
24 -
25 -
26 -
27 -
28 -
29 -
30 -
31 -

April 2020

			1	2	3	4
5	6	7	8	9	10	11
12	13	14	15	16	17	18
19	20	21	22	23	24	25
26	27	28	29	30		

☐ -   ☐ -   ☐ -

1 - _____
2 - _____
3 - _____
4 - _____
5 - _____
6 - _____
7 - _____
8 - _____
9 - _____
10 - _____
11 - _____
12 - _____
13 - _____
14 - _____
15 - _____
16 - _____
17 - _____
18 - _____
19 - _____
20 - _____
21 - _____
22 - _____
23 - _____
24 - _____
25 - _____
26 - _____
27 - _____
28 - _____
29 - _____
30 - _____
31 - _____

April 2020

			1	2	3	4
5	6	7	8	9	10	11
12	13	14	15	16	17	18
19	20	21	22	23	24	25
26	27	28	29	30		

☐ - ☐ - ☐ -

1 - _____
2 - _____
3 - _____
4 - _____
5 - _____
6 - _____
7 - _____
8 - _____
9 - _____
10 - _____
11 - _____
12 - _____
13 - _____
14 - _____
15 - _____
16 - _____
17 - _____
18 - _____
19 - _____
20 - _____
21 - _____
22 - _____
23 - _____
24 - _____
25 - _____
26 - _____
27 - _____
28 - _____
29 - _____
30 - _____
31 - _____

April 2020

			1	2	3	4
5	6	7	8	9	10	11
12	13	14	15	16	17	18
19	20	21	22	23	24	25
26	27	28	29	30		

☐ -

☐ -

☐ -

_____

			1	2	3	4
5	6	7	8	9	10	11
12	13	14	15	16	17	18
19	20	21	22	23	24	25
26	27	28	29	30		

☐ -

☐ -

☐ -

_____

			1	2	3	4
5	6	7	8	9	10	11
12	13	14	15	16	17	18
19	20	21	22	23	24	25
26	27	28	29	30		

☐ -

☐ -

☐ -

_____

			1	2	3	4
5	6	7	8	9	10	11
12	13	14	15	16	17	18
19	20	21	22	23	24	25
26	27	28	29	30		

☐ -

☐ -

☐ -

April 2020

			1	2	3	4
5	6	7	8	9	10	11
12	13	14	15	16	17	18
19	20	21	22	23	24	25
26	27	28	29	30		

☐ -
☐ -
☐ -

			1	2	3	4
5	6	7	8	9	10	11
12	13	14	15	16	17	18
19	20	21	22	23	24	25
26	27	28	29	30		

☐ -
☐ -
☐ -

			1	2	3	4
5	6	7	8	9	10	11
12	13	14	15	16	17	18
19	20	21	22	23	24	25
26	27	28	29	30		

☐ -
☐ -
☐ -

			1	2	3	4
5	6	7	8	9	10	11
12	13	14	15	16	17	18
19	20	21	22	23	24	25
26	27	28	29	30		

☐ -
☐ -
☐ -

Month in Review

May 2020

GOALS

1.

2.

3.

4.

5.

6.

7.

8.

9.

10.

May 2020

					1	2
3	4	5	6	7	8	9
10	11	12	13	14	15	16
17	18	19	20	21	22	23
24	25	26	27	28	29	30
31						

[   ] -   [   ] -   [   ] -

1 - _____
2 - _____
3 - _____
4 - _____
5 - _____
6 - _____
7 - _____
8 - _____
9 - _____
10 - _____
11 - _____
12 - _____
13 - _____
14 - _____
15 - _____
16 - _____
17 - _____
18 - _____
19 - _____
20 - _____
21 - _____
22 - _____
23 - _____
24 - _____
25 - _____
26 - _____
27 - _____
28 - _____
29 - _____
30 - _____
31 - _____

May 2020

					1	2
3	4	5	6	7	8	9
10	11	12	13	14	15	16
17	18	19	20	21	22	23
24	25	26	27	28	29	30
31						

[ ] -   [ ] -   [ ] -

1 - _____
2 - _____
3 - _____
4 - _____
5 - _____
6 - _____
7 - _____
8 - _____
9 - _____
10 - _____
11 - _____
12 - _____
13 - _____
14 - _____
15 - _____
16 - _____
17 - _____
18 - _____
19 - _____
20 - _____
21 - _____
22 - _____
23 - _____
24 - _____
25 - _____
26 - _____
27 - _____
28 - _____
29 - _____
30 - _____
31 - _____

May 2020

					1	2
3	4	5	6	7	8	9
10	11	12	13	14	15	16
17	18	19	20	21	22	23
24	25	26	27	28	29	30
31						

☐ -   ☐ -   ☐ -

1 - _____
2 - _____
3 - _____
4 - _____
5 - _____
6 - _____
7 - _____
8 - _____
9 - _____
10 - _____
11 - _____
12 - _____
13 - _____
14 - _____
15 - _____
16 - _____
17 - _____
18 - _____
19 - _____
20 - _____
21 - _____
22 - _____
23 - _____
24 - _____
25 - _____
26 - _____
27 - _____
28 - _____
29 - _____
30 - _____
31 - _____

March 2019

					1	2
3	4	5	6	7	8	9
10	11	12	13	14	15	16
17	18	19	20	21	22	23
24	25	26	27	28	29	30
31						

☐ -
☐ -
☐ -

					1	2
3	4	5	6	7	8	9
10	11	12	13	14	15	16
17	18	19	20	21	22	23
24	25	26	27	28	29	30
31						

☐ -
☐ -
☐ -

					1	2
3	4	5	6	7	8	9
10	11	12	13	14	15	16
17	18	19	20	21	22	23
24	25	26	27	28	29	30
31						

☐ -
☐ -
☐ -

					1	2
3	4	5	6	7	8	9
10	11	12	13	14	15	16
17	18	19	20	21	22	23
24	25	26	27	28	29	30
31						

☐ -
☐ -
☐ -

March 2019

					1	2
3	4	5	6	7	8	9
10	11	12	13	14	15	16
17	18	19	20	21	22	23
24	25	26	27	28	29	30
31						

☐ -

☐ -

☐ -

					1	2
3	4	5	6	7	8	9
10	11	12	13	14	15	16
17	18	19	20	21	22	23
24	25	26	27	28	29	30
31						

☐ -

☐ -

☐ -

					1	2
3	4	5	6	7	8	9
10	11	12	13	14	15	16
17	18	19	20	21	22	23
24	25	26	27	28	29	30
31						

☐ -

☐ -

☐ -

					1	2
3	4	5	6	7	8	9
10	11	12	13	14	15	16
17	18	19	20	21	22	23
24	25	26	27	28	29	30
31						

☐ -

☐ -

☐ -

Month in Review

June 2020

GOALS

1.

2.

3.

4.

5.

6.

7.

8.

9.

10.

June 2020

	1	2	3	4	5	6
7	8	9	10	11	12	13
14	15	16	17	18	19	20
21	22	23	24	25	26	27
28	29	30				

[   ] -   [   ] -   [   ] -

1 -
2 -
3 -
4 -
5 -
6 -
7 -
8 -
9 -
10 -
11 -
12 -
13 -
14 -
15 -
16 -
17 -
18 -
19 -
20 -
21 -
22 -
23 -
24 -
25 -
26 -
27 -
28 -
29 -
30 -

June 2020

	1	2	3	4	5	6
7	8	9	10	11	12	13
14	15	16	17	18	19	20
21	22	23	24	25	26	27
28	29	30				

[   ] -   [   ] -   [   ] -

1 - _____
2 - _____
3 - _____
4 - _____
5 - _____
6 - _____
7 - _____
8 - _____
9 - _____
10 - _____
11 - _____
12 - _____
13 - _____
14 - _____
15 - _____
16 - _____
17 - _____
18 - _____
19 - _____
20 - _____
21 - _____
22 - _____
23 - _____
24 - _____
25 - _____
26 - _____
27 - _____
28 - _____
29 - _____
30 - _____

June 2020

	1	2	3	4	5	6
7	8	9	10	11	12	13
14	15	16	17	18	19	20
21	22	23	24	25	26	27
28	29	30				

[   ] -   [   ] -   [   ] -

1 -
2 -
3 -
4 -
5 -
6 -
7 -
8 -
9 -
10 -
11 -
12 -
13 -
14 -
15 -
16 -
17 -
18 -
19 -
20 -
21 -
22 -
23 -
24 -
25 -
26 -
27 -
28 -
29 -
30 -

June 2020

	1	2	3	4	5	6
7	8	9	10	11	12	13
14	15	16	17	18	19	20
21	22	23	24	25	26	27
28	29	30				

☐ -
☐ -
☐ -

	1	2	3	4	5	6
7	8	9	10	11	12	13
14	15	16	17	18	19	20
21	22	23	24	25	26	27
28	29	30				

☐ -
☐ -
☐ -

	1	2	3	4	5	6
7	8	9	10	11	12	13
14	15	16	17	18	19	20
21	22	23	24	25	26	27
28	29	30				

☐ -
☐ -
☐ -

	1	2	3	4	5	6
7	8	9	10	11	12	13
14	15	16	17	18	19	20
21	22	23	24	25	26	27
28	29	30				

☐ -
☐ -
☐ -

June 2020

	1	2	3	4	5	6
7	8	9	10	11	12	13
14	15	16	17	18	19	20
21	22	23	24	25	26	27
28	29	30				

☐ -

☐ -

☐ -

	1	2	3	4	5	6
7	8	9	10	11	12	13
14	15	16	17	18	19	20
21	22	23	24	25	26	27
28	29	30				

☐ -

☐ -

☐ -

	1	2	3	4	5	6
7	8	9	10	11	12	13
14	15	16	17	18	19	20
21	22	23	24	25	26	27
28	29	30				

☐ -

☐ -

☐ -

	1	2	3	4	5	6
7	8	9	10	11	12	13
14	15	16	17	18	19	20
21	22	23	24	25	26	27
28	29	30				

☐ -

☐ -

☐ -

Month in Review

Made in the USA
San Bernardino, CA
02 November 2019

59351673R00117